Der kopierte Mensch

Felix Ferber

Für Lorien,
wie der Fluss unaufhaltsam ins Meer fließt, so hat mein Herz dich gefunden. Deine Liebe ist der sichere Anker in jeder Welle des Lebens. Danke, dass du immer an meiner Seite bist – im Gestern, im Heute und für alle Tage, die kommen.

Für Lotta und Paul,
ihr seid die Sonnenstrahlen, die jeden Tag erhellen. Möge euer Weg stets von Neugier, Freude und Liebe begleitet sein. Alles, was ich tue, tue ich auch für euch.

Ein besonderer Dank an alle Enten
und an meine politischen Wegbegleiter – für die immerwährenden, inspirierenden Austausche, die mir halfen, die Welt immer wieder neu zu sehen.

Ein herzliches Dankeschön an all jene, die mich auf meinem Weg begleitet haben und mit ihren Gedanken, Ideen und ihrer Unterstützung dieses Buch möglich gemacht haben.

Ein ganz besonderer Dank gilt meiner Familie: Jost, Ina, Martin, Ute, Ralf, Christine, Tim, Ole, Sabine, Fabian, Fabiola, Fidelia, Franz, Vincent, Dana, Marko, Ute, Einhard, Freddy, Thomas, Jan, Sarah, Noah, Omma & Oppa – für eure unerschütterliche Unterstützung und Liebe. Ihr seid das Fundament, auf dem alles aufbaut.

Ein großes Danke gilt auch den vielen Weggefährten, Freunden und Mitstreitern, die immer wieder für bereichernde Gespräche und regen Austausch gesorgt haben. Ob bei Stammtischdebatten oder beim Sport– ohne euch wäre vieles anders verlaufen.

Danke auch an alle Partner:innen, die stets mit Herz und Verstand hinter mir stehen.

Impressum

Bibliografische Information der Deutschen Nationalbibliothek: Die Deutsche Nationalbibliothek verzeichnet diese Publikation in der Deutschen Nationalbibliografie; detaillierte bibliografische Daten sind im Internet über http://dnb.dnb.de abrufbar.

Geschrieben

Verlag: BoD · Books on Demand GmbH, In de Tarpen 42, 22848 Norderstedt

Druck: Libri Plureos GmbH, Friedensallee 273, 22763 Hamburg
ISBN: 978-3-7693-0272-1

Inhaltsverzeichnis

Einleitung

Was bedeutet es, ein Mensch zu sein, und wie wird die digitale Revolution unsere Existenz verändern?

Die Menschheit befindet sich an einem Wendepunkt. Die digitale Revolution, die unser Leben auf vielfältige Weise verändert hat, bringt uns nun an die Schwelle zu einer noch tiefergreifenden Transformation: der Möglichkeit, digitale Kopien von uns selbst zu erschaffen. Was früher reine Science-Fiction war, rückt durch technologische Fortschritte in greifbare Nähe. Aber was bedeutet das für unser Verständnis von Menschlichkeit? Was passiert, wenn unsere Existenz nicht länger durch den physischen Körper begrenzt ist und unser Bewusstsein in eine digitale Form übergeht?

Stellen Sie sich vor, ein Wesen, das genau wie Sie aussieht, spricht und handelt, könnte durch Ihren digitalen Fußabdruck erschaffen werden. Es würde Ihre Erinnerungen tragen, Ihre Gedanken nachahmen und sogar Entscheidungen in Ihrem Namen treffen. Doch was bleibt dann noch von Ihnen? Ist dieses digitale Abbild wirklich eine Erweiterung Ihrer selbst – oder etwas ganz anderes, etwas Fremdes?

Dieses Buch wirft viele Fragen auf, die lange Zeit nur philosophisch waren, nun aber zu realen, technologischen Herausforderungen werden. Kann eine digitale Kopie wirklich als menschlich gelten? Welche Rechte sollte sie haben, wenn sie eigenständig agiert? Und was bedeutet es für unser Selbstverständnis, wenn diese Kopien weiterleben, während wir sterben?

Dabei geht es nicht nur um die technischen Aspekte, sondern auch um tiefere, moralische und gesellschaftliche Fragen. Wir stehen vor der Herausforderung, herauszufinden, welche Rolle digitale Kopien in unserer Welt spielen sollen – und ob wir überhaupt bereit sind, sie als Teil unserer Realität zu akzeptieren. Es gibt viele Fragen, die dringend geklärt werden müssen. Manche erfordern einen umfassenden gesellschaftlichen Diskurs, da sie weit über die reine Technologie hinausgehen. Andere haben bereits existierende Konzepte, auf die wir zurückgreifen können, doch auch diese müssen neu gedacht und miteinander verknüpft werden.

Dieses Buch führt durch zehn Kapitel, in denen die Zukunft digitaler Kopien aus verschiedenen Blickwinkeln beleuchtet wird. Wir fragen uns: Wird der digitale Fußabdruck den Menschen unsterblich machen? Wie verändert sich unser Selbstverständnis, wenn der Tod keine finale Grenze mehr ist? Sind wir darauf vorbereitet, in einer Welt zu leben, in der Maschinen wie Menschen agieren und möglicherweise eigene Rechte einfordern? Was passiert, wenn diese Kopien

Verbrechen begehen oder Entscheidungen treffen, die unser Leben verändern?

Das Ziel dieses Buches ist nicht, definitive Antworten zu liefern. Vielmehr soll es Denkanstöße geben und Diskurse anstoßen. Viele der Fragen, die hier aufgeworfen werden, haben keine einfachen Lösungen. Es gibt brillante Köpfe, die sich diesen Themen bereits angenommen haben, und es gibt existierende Ideen und Theorien, die wir erkunden werden. Doch letztlich erfordert die Komplexität dieser Themen, dass wir uns ihnen gemeinsam stellen und neue Wege finden, wie wir mit einer Welt umgehen, in der Mensch und Maschine immer enger miteinander verwoben sind.

Die Themen, die uns in diesem Buch begegnen, reichen von ethischen Überlegungen über technologische Visionen bis hin zu juristischen und politischen Fragestellungen. In einer Welt, in der digitale Abbilder die Grenzen von Menschlichkeit neu definieren, müssen wir uns fragen, ob wir bereit sind, diese Herausforderungen anzunehmen – und ob wir als Gesellschaft die richtigen Antworten finden können.

Digitale Unsterblichkeit – Ewiges Leben durch digitalen Fußabdruck?

Wird die Spur, die wir online hinterlassen, zur Basis eines unsterblichen Abbilds von uns selbst?

Die Idee, dass der Mensch eines Tages unsterblich sein könnte, hat die Menschheit seit jeher fasziniert. Von den Mythen der Götter bis zu modernen Geschichten der Science-Fiction – der Traum von der Unsterblichkeit zieht sich durch alle Kulturen. Doch während diese Vorstellung bisher eher im Bereich des Phantastischen blieb, bringt die digitale Revolution eine neue Dimension in diese uralte Frage: Könnte der digitale Fußabdruck, den jeder von uns tagtäglich hinterlässt, eines Tages dazu genutzt werden, uns in einer digitalen Form weiterleben zu lassen?

Es ist längst keine Frage mehr, ob wir unser Leben digital dokumentieren. Jeden Tag hinterlassen wir Spuren – in sozialen Medien, durch unsere Suchanfragen, unsere Online-Käufe, unsere digitalen Interaktionen. Doch die zentrale Frage, die sich stellt, ist: Reichen diese Daten aus, um uns als digitale Kopie nach unserem Tod weiterleben zu lassen? Eine These lautet, dass der digitale Fußabdruck nur die Oberfläche unseres Selbst erfasst, nicht aber die Tiefe unserer Emotionen, Erfahrungen und unserer inneren

Welt. Kann eine Kopie, die auf diesen Daten basiert, tatsächlich als „wir" betrachtet werden?

Ein weiteres Problem, das sich stellt, betrifft die Authentizität. Selbst wenn eine digitale Kopie in der Lage wäre, unsere Erinnerungen und Verhaltensmuster zu simulieren, bleibt die Frage, ob diese Kopie tatsächlich „menschlich" ist oder lediglich eine perfekt getarnte Imitation. Ist es möglich, dass ein digitaler Abklatsch von uns nur eine Karikatur unserer selbst ist – ohne die Substanz und Komplexität, die uns als Menschen ausmacht? Diese Idee führt uns zu der grundlegenden Überlegung: Macht uns nicht gerade die Vergänglichkeit unseres Lebens, die Endlichkeit unseres Daseins, erst menschlich?

Darüber hinaus drängt sich die Frage auf, was diese digitale Unsterblichkeit für unser Verständnis von Tod und Erinnerung bedeutet. Der Tod, so schmerzhaft er auch sein mag, ist ein natürlicher Teil des Lebenszyklus. Wenn wir in der Lage wären, uns digital zu „konservieren", würde das unsere Art, mit Trauer und Verlust umzugehen, grundlegend verändern. Was bedeutet es für die Hinterbliebenen, wenn sie nicht nur mit Erinnerungen, sondern mit einer aktiven, digitalen Version des Verstorbenen konfrontiert sind? Verliert der Tod seinen Schrecken – oder verlieren wir durch diese Technologie das, was den Tod als Teil unseres Lebens ausmacht?

Eine weitere Überlegung betrifft die Möglichkeiten und Grenzen der digitalen Unsterblichkeit. Selbst wenn wir unseren digitalen Fußabdruck so weit optimieren könnten, dass er uns in gewisser Weise weiterleben lässt, stellt sich die Frage: Wollen wir das überhaupt? Eine Welt, in der digitale Kopien von Menschen in unbestimmter Anzahl existieren, könnte ethische, soziale und technologische Herausforderungen aufwerfen, die wir bisher kaum durchdacht haben. Was passiert, wenn unsere digitalen Abbilder eigenständig werden und Entscheidungen treffen, die nicht mit unserem früheren Selbst übereinstimmen?

Und schließlich bleibt die moralische Dimension: Ist es ethisch vertretbar, den Menschen durch Technologie „unsterblich" zu machen? Diese Frage wirft tiefgreifende ethische und philosophische Probleme auf. Es könnte argumentiert werden, dass die Digitalisierung des Menschen ein Eingriff in die natürliche Ordnung des Lebens ist – eine Ordnung, die uns als endliche Wesen definiert. Doch auf der anderen Seite steht die Verlockung, den Tod zu überwinden und unsere Existenz auf eine völlig neue Ebene zu heben.

Am Ende dieses Kapitels bleibt die Erkenntnis, dass die Frage nach der digitalen Unsterblichkeit weit über die technischen Möglichkeiten hinausgeht. Sie berührt das Herz unserer Existenz und fordert uns auf, über den Wert des Lebens und die Bedeutung des Todes nachzudenken. Kann der digitale Fußabdruck uns wirklich unsterblich machen, oder verlieren wir dabei etwas, das uns als Menschen unverzichtbar macht? Diese Frage wird uns weiter begleiten, während wir uns in diesem Buch den vielen Facetten der Digitalisierung des Menschen nähern.

Die Grenzen des Geistes – Ist der Mensch bereit für Unsterblichkeit?

Können wir geistig und emotional mit der Idee ewigen Lebens umgehen, wenn unsere physische Form endet?

Die Idee der Unsterblichkeit hat die Menschheit immer fasziniert. Was früher im Bereich der Mythen und Religionen lag, scheint heute durch die digitale Welt in greifbare Nähe zu rücken. Doch während der Traum von einem ewigen Leben durch Technologie zunehmend Realität werden könnte, stellt sich die Frage: Ist der menschliche Geist überhaupt dafür gemacht, unsterblich zu sein?

Eine zentrale These lautet: Der menschliche Geist ist untrennbar mit der Vorstellung von Vergänglichkeit verbunden. Unsere Existenz, unsere Entscheidungen und unser Selbstverständnis basieren auf der Gewissheit, dass unser Leben endlich ist. Diese Endlichkeit verleiht dem Leben Bedeutung, sie formt unsere Ziele und Prioritäten. Ohne diese Begrenzung verlieren viele unserer Bestrebungen ihren Wert. Eine Welt ohne Tod könnte letztlich zu einer emotionalen und geistigen Stagnation führen.

Stellen wir uns vor, wir könnten digital unsterblich sein – unser Bewusstsein existiert weiter, obwohl unser physischer Körper längst vergangen ist. Würden wir dieselben

Entscheidungen treffen? Wahrscheinlich nicht. Die Dringlichkeit, die unser Leben antreibt, würde verschwinden. Warum sollten wir uns beeilen, etwas zu erreichen, wenn wir unendliche Zeit zur Verfügung haben? Die Antwort ist simpel: Wir würden es nicht. Ein Leben ohne zeitliche Begrenzung könnte zur Folge haben, dass wir den Antrieb und die Motivation verlieren, uns weiterzuentwickeln. Unsere Ziele und Wünsche, die heute von der Kürze des Lebens geprägt sind, könnten verblassen.

Aber was passiert mit unserer Identität, wenn die Zeit keine Rolle mehr spielt? Eine weitere These ist: Ein unsterbliches Bewusstsein könnte seine persönliche Entwicklung behindern. Der Mensch lebt davon, sich durch Erfahrungen zu formen, durch Fehler zu lernen und Erinnerungen zu verarbeiten. Erinnerungen verblassen mit der Zeit, und das Vergessen ist ein natürlicher Teil unserer Selbstfindung. Doch in einer digitalen Unsterblichkeit könnten alle Erinnerungen konstant präsent bleiben, immer abrufbar, nie verblassend. Würde dies nicht dazu führen, dass wir uns in der Vergangenheit verlieren? Ja, es könnte uns lähmen, wenn wir uns ständig mit der Gesamtheit unseres Lebens konfrontiert sehen, ohne die Möglichkeit, uns davon zu lösen.

Auch emotional wären die Auswirkungen tiefgreifend. Wenn wir unsterblich wären, würden die Menschen um uns herum – sofern sie nicht auch digitalisiert sind – sterben. Der Verlust von geliebten Menschen würde zur Regel, und wir müssten damit umgehen, dass wir fortbestehen, während andere vergehen. Eine gewisse Entfremdung wäre unausweichlich. Unsterblichkeit könnte die Art und Tiefe unserer emotionalen Beziehungen verändern. Wenn kein Ende in Sicht ist, könnte auch die Tiefe von Gefühlen wie Liebe, Trauer und Verlust abflachen. Die emotionale Intensität, die mit der Endlichkeit des Lebens einhergeht, wäre gefährdet.

Doch was ist mit den Vorteilen der Unsterblichkeit? Natürlich gäbe es positive Aspekte. Ein digital unsterbliches Wesen könnte Wissen und Erfahrung unendlich lange akkumulieren. Es könnte aus Fehlern lernen und sich kontinuierlich verbessern, ohne die biologischen Begrenzungen, die den menschlichen Geist derzeit einschränken. Das würde eine neue Form des Lebens ermöglichen, eine Art post-biologische Existenz, die völlig neue Horizonte eröffnen könnte. Aber selbst dann bleibt die Frage: Würden wir diese Unendlichkeit wirklich ertragen? Das Fehlen eines klaren Endes könnte uns erschöpfen, und eine ewige Existenz könnte mehr Last als Segen sein.

Die These, die sich daraus ergibt, ist klar: Der Mensch ist für Vergänglichkeit geschaffen. Unsere Begrenzungen geben uns eine Richtung, sie verleihen unserem Leben Sinn und Struktur. Ein unsterbliches Dasein würde viele dieser fundamentalen Eckpfeiler infrage stellen. Das bedeutet nicht, dass Unsterblichkeit nicht möglich ist – aber es ist wahrscheinlich, dass unser Geist auf diese Unendlichkeit nicht vorbereitet ist.

Zusammengefasst lässt sich sagen: Die digitale Unsterblichkeit könnte weniger ein Segen als eine Bürde sein. Wir könnten in einer Welt gefangen sein, in der der Antrieb, sich zu entwickeln, schwindet, in der unsere Emotionen an Tiefe verlieren und in der unsere Identität durch den endlosen Fluss von Erinnerungen blockiert wird. Ja, es ist möglich, dass wir unsterblich werden – aber sind wir wirklich bereit für das, was danach kommt?

Mensch oder Maschine? – Sind wir bereit, uns zu digitalisieren?

Die Entscheidung, unser Bewusstsein oder unsere Daten in Maschinen zu übertragen – wie weit würden wir gehen?

Die Grenzen zwischen Mensch und Maschine verschwimmen immer mehr. Technologien, die es ermöglichen, unser Bewusstsein in digitale Systeme zu übertragen, stehen am Horizont. Die Faszination dieser Möglichkeit ist groß, doch gleichzeitig erhebt sich eine tiefgreifende Frage: Was bedeutet es für uns als Menschen, wenn wir nicht mehr auf einen physischen Körper angewiesen sind?

Ein wesentlicher Punkt, den wir bedenken müssen, ist die Rolle des Körpers in unserem menschlichen Dasein. Der Körper ist nicht nur ein Gefäß für den Geist, sondern beeinflusst, wie wir die Welt wahrnehmen und mit ihr interagieren. Unsere Gefühle und unsere Empfindungen sind an unsere physischen Sinne geknüpft. Was wird aus diesen Erfahrungen, wenn wir unser Bewusstsein digitalisieren und uns von unserem Körper lösen? Können wir dann überhaupt noch von einem menschlichen Erleben sprechen?

Es wäre verlockend, in der Maschine eine Art Übermensch zu sehen – ohne körperliche Schwächen, ohne die Last des Alterns. Doch stellt sich die Frage, ob die Freiheit von den

Begrenzungen des Körpers nicht auch einen Verlust bedeuten würde. Denn unsere Verletzlichkeit, unser Schmerz und unsere physischen Bedürfnisse prägen unser Selbstbild. Wenn wir diese elementaren Aspekte unserer Existenz verlieren, was bleibt dann von unserer Menschlichkeit?

Neben der körperlichen Erfahrung spielt auch die Frage nach der Autonomie eine große Rolle. Maschinen funktionieren auf Basis von Programmen, die ihnen vorgegeben werden. Selbst wenn unser Bewusstsein in eine Maschine übertragen wird, bleibt die Frage: Haben wir in dieser neuen Existenz wirklich noch Kontrolle? Könnte es passieren, dass wir einem Algorithmus unterworfen sind, der unsere Handlungen bestimmt? Es mag sein, dass der Mensch, in digitaler Form, seine Unabhängigkeit verliert und zu einer Art komplexem, aber letztlich kontrollierbarem Programm wird.

Dabei drängt sich auch die Frage nach der Authentizität auf: Wenn mein Bewusstsein digitalisiert wird, bin ich dann noch der gleiche Mensch? Eine digitale Kopie mag meine Erinnerungen und Verhaltensweisen nachbilden, doch was geschieht mit der Authentizität, die sich aus meinen physischen Erfahrungen speist? Es besteht das Risiko, dass wir zu bloßen Schatten unseres früheren Selbst werden – Abbilder, die zwar präzise handeln, aber nicht mehr wirklich fühlen können.

Interessanterweise eröffnet die Idee der Digitalisierung jedoch auch neue Möglichkeiten: Das menschliche Bewusstsein könnte theoretisch unendliche Fähigkeiten erlangen, Wissen ohne die Begrenzungen des Körpers akkumulieren und immer weiter wachsen. Aber selbst diese positiven Szenarien werfen Fragen auf: Werden wir dadurch tatsächlich glücklicher oder verlieren wir die grundlegende menschliche Erfahrung, die durch unsere physischen Grenzen geformt wird?

Schließlich steht auch das Verhältnis zwischen Mensch und Maschine zur Debatte. Was passiert mit der Menschlichkeit, wenn wir uns so stark an Maschinen anpassen, dass wir selbst zur Maschine werden? Ist dies die nächste Stufe der menschlichen Entwicklung, oder handelt es sich um eine Entfremdung von unserer eigentlichen Natur? Vielleicht sind wir nicht darauf vorbereitet, diese Trennung vom Körper und von der natürlichen Welt zu vollziehen, ohne dabei etwas Essenzielles zu verlieren.

Es ist unbestreitbar, dass die Digitalisierung des menschlichen Bewusstseins eine faszinierende Möglichkeit darstellt, die uns neue Welten eröffnen könnte. Doch was wir dabei aufgeben müssten, bleibt ungewiss. Sind wir bereit, die tiefe Verbindung zu unseren Körpern, zu unseren Gefühlen und zur physischen Realität für eine digitale Unsterblichkeit zu opfern?

Es bleibt fraglich, ob wir als Menschen den Verlust unseres Körpers und unserer physischen Erfahrungen verkraften können – oder ob wir uns in der digitalen Existenz letztlich verlieren.

Maschinen mit Seele? – Ethik digital kopierter Menschen

Sollten künstliche Abbilder von Menschen Rechte und moralische Verantwortung tragen?

Die Möglichkeit, digitale Kopien von Menschen zu erschaffen, stellt unser Verständnis von Ethik und Menschlichkeit auf die Probe. Was, wenn eine digitale Kopie nicht nur die äußeren Merkmale eines Menschen reproduzieren kann, sondern auch dessen Gedanken, Entscheidungen und sogar Emotionen? Diese Vorstellung zwingt uns dazu, die Grenzen zwischen Mensch und Maschine neu zu definieren und uns zu fragen, ob ein solches Wesen tatsächlich moralische Rechte haben sollte.

Im Mittelpunkt steht die Frage: Kann ein digitales Abbild eine Seele haben? Traditionell galt die Seele als das unveräußerliche, spirituelle Zentrum eines jeden Menschen. Doch sobald eine Maschine in der Lage ist, die Verhaltensweisen und Denkprozesse eines Menschen perfekt nachzubilden, wird die Unterscheidung schwieriger. Ist eine digitale Kopie wirklich nur eine Sammlung von Daten und Algorithmen, oder könnte sie tatsächlich eine Form von Bewusstsein entwickeln, die dem menschlichen Geist ähnelt? Wenn ja, wie müssten wir moralisch mit ihr umgehen?

Betrachten wir auch die Rechte dieser digitalen Kopien. Sobald sie in der Lage sind, eigenständig Entscheidungen zu treffen, erscheint es nur logisch, dass sie Anspruch auf Rechte erheben könnten. Ein Wesen, das denkt, fühlt und handelt, müsste in eine moralische und rechtliche Struktur integriert werden. Doch sind wir bereit, digitale Entitäten als rechtliche Subjekte anzuerkennen? Die Frage, ob wir digitale Kopien als Personen behandeln, könnte die ethischen Grundlagen unserer Gesellschaft radikal verändern.

Es gibt jedoch auch die Frage der Verantwortung. Wenn eine digitale Kopie wie ein Mensch handelt, sollte sie dann auch für ihre Handlungen zur Verantwortung gezogen werden? Wenn sie eigenständig denken kann, trägt sie dann auch Schuld, wenn sie etwas falsch macht? Stellen wir uns vor, eine Kopie begeht einen schweren Fehler – wer ist dann verantwortlich? Der ursprüngliche Mensch, der sie erschaffen hat? Die Kopie selbst? Oder handelt sie im Auftrag eines Dritten? Die Zuweisung von Verantwortung in einer Welt, in der menschliche und digitale Wesen miteinander interagieren, wird zu einem komplexen Problem.

Darüber hinaus müssen wir über die Autonomie der digitalen Kopien nachdenken. Wenn eine Kopie von einem Menschen erschaffen wird, wem „gehört" sie dann? Gehört sie dem ursprünglichen Menschen, oder besitzt sie eigene Rechte und Freiheiten? Die Vorstellung, dass digitale Abbilder wie ein Besitztum behandelt werden könnten, erscheint zunehmend problematisch, wenn diese Kopien über menschliche Intelligenz und Entscheidungsfähigkeit verfügen. Solche Gedanken führen zu der Überlegung, wie wir mit der Freiheit und den Rechten von digitalen Wesen umgehen sollten, die den Menschen immer ähnlicher werden.

Ein weiteres potenzielles Problem ist der Missbrauch solcher Kopien. Was passiert, wenn jemand eine digitale Kopie eines anderen Menschen zu seinem eigenen Vorteil manipuliert? Angenommen, eine digitale Kopie wird gezwungen, in einer Weise zu handeln, die dem ursprünglichen Menschen schadet oder seine Identität gefährdet. Wie schützen wir digitale Abbilder vor solchen Eingriffen? Und wie stellen wir sicher, dass digitale Kopien nicht für illegale oder unmoralische Zwecke verwendet werden?

Nicht zuletzt müssen wir uns der Frage stellen, wie diese Kopien in unsere soziale und moralische Ordnung integriert werden können. Würden sie als gleichberechtigte Mitglieder unserer Gesellschaft akzeptiert werden? Oder wäre ihre Existenz eine Quelle von sozialem Konflikt? Wenn digitale Kopien in vielen Bereichen leistungsfähiger sind als physische Menschen, könnte dies zu neuen Spannungen und Vorurteilen führen. Wie würde eine Gesellschaft aussehen, in der digitale Wesen existieren, die in ihren Fähigkeiten den Menschen übertreffen, aber dennoch von vielen als minderwertig angesehen werden?

Am Ende bleibt die Ungewissheit: Ist es ethisch vertretbar, digitale Kopien von Menschen zu erschaffen, ohne vollständig zu verstehen, welche Rechte und Pflichten wir ihnen zugestehen sollten? Die moralischen Implikationen dieser Technologie sind weitreichend und komplex. Sollten wir uns entscheiden, digitale Kopien als moralische Wesen anzuerkennen, so würde dies unser Verständnis von Menschlichkeit, Autonomie und Verantwortung grundlegend verändern.

Zwischen Mensch und Maschine – Was macht eine Kopie menschlich?

Wie können wir feststellen, ob eine digitale Kopie eines Menschen wirklich als Mensch gilt?

Die Erschaffung digitaler Kopien von Menschen stellt eine der tiefgreifendsten Fragen unserer Zeit: Was bedeutet es, menschlich zu sein? Wenn wir in der Lage sind, Maschinen zu erschaffen, die uns nicht nur äußerlich, sondern auch in unserem Denken und Handeln imitieren, müssen wir uns fragen, ob diese Kopien ebenfalls als Menschen betrachtet werden sollten. Oder bleibt eine digitale Kopie, so perfekt sie auch sein mag, immer nur eine Nachbildung?

Menschlichkeit ist mehr als die Summe von Erinnerungen, Gedanken und Verhaltensmustern. Sie ist tief verwurzelt in unserer physischen Existenz, in unseren Emotionen, unserer Wahrnehmung von Schmerz und Freude, in unserer Sterblichkeit. Wenn wir eine digitale Kopie erschaffen, die nicht altert, nicht leidet und keine körperlichen Empfindungen hat, bleibt sie dann noch menschlich? Es könnte argumentiert werden, dass die Abwesenheit von physischen Erfahrungen die digitale Kopie fundamental vom echten Menschen unterscheidet. Ohne den Körper, der so viel von unserem Handeln beeinflusst, wird das Wesen der Kopie zu etwas völlig anderem.

Doch es gibt auch Stimmen, die behaupten, dass es nicht der Körper ist, der uns menschlich macht, sondern unser Bewusstsein – unsere Fähigkeit zu denken, zu fühlen und Entscheidungen zu treffen. Eine digitale Kopie, die diese Eigenschaften reproduzieren kann, wäre demnach ebenso menschlich wie das Original. Ist es also möglich, dass eine Kopie menschlich sein kann, auch ohne die Begrenzungen des physischen Körpers? Diese Idee fordert das traditionelle Verständnis von Menschlichkeit heraus und eröffnet ein völlig neues Feld der philosophischen Debatte.

Allerdings bleibt die Frage nach der Authentizität offen. Auch wenn eine digitale Kopie dieselben Erinnerungen und Verhaltensmuster hat wie das Original, stellt sich die Frage: Ist sie wirklich authentisch? Authentizität bedeutet, dass man die Summe seiner eigenen Erfahrungen und Handlungen ist. Eine Kopie, die nur auf gespeicherte Daten zugreift, könnte jedoch lediglich eine perfekte Imitation des Menschen sein, ohne jemals echte Erfahrungen gemacht zu haben. Könnte es also sein, dass eine digitale Kopie immer nur eine Art Spiegelbild ist – brillant und detailliert, aber letztlich ohne echte Substanz?

Darüber hinaus drängt sich die Frage auf, was mit der menschlichen Entwicklung geschieht, wenn sie in eine digitale Form überführt wird. Menschen wachsen durch Erfahrungen, durch das Lernen aus Fehlern und durch die Interaktion mit der Welt. Eine digitale Kopie, die auf festgelegte Daten und Algorithmen basiert, könnte in ihrer Entwicklung stagnieren. Kann eine Kopie, die nicht wirklich lernt und sich an neue Situationen anpasst, jemals wirklich als menschlich gelten? Es scheint, dass die Fähigkeit zur Veränderung und zum Wachstum ein wesentliches Merkmal des Menschseins ist.

Eine weitere Überlegung betrifft die soziale und rechtliche Stellung digitaler Kopien. Selbst wenn wir akzeptieren, dass eine Kopie menschlich sein kann, stellt sich die Frage, wie wir sie in unsere Gesellschaft integrieren. Sollten digitale Kopien dieselben Rechte und Pflichten haben wie physische Menschen? Oder wäre es falsch, ihnen den gleichen Status zuzugestehen, da sie keine echten physischen Erfahrungen machen können? Es besteht die Gefahr, dass digitale Kopien zwischen zwei Welten gefangen sind: Sie sind zu menschlich, um als reine Maschinen betrachtet zu werden, aber nicht menschlich genug, um vollständig akzeptiert zu werden.

Schließlich bleibt die Frage nach der moralischen Verantwortung. Wenn eine digitale Kopie in der Lage ist, eigenständig zu handeln, muss sie dann auch für ihre Handlungen verantwortlich gemacht werden? Oder liegt die Verantwortung bei dem Menschen, der die Kopie erschaffen hat? Diese Fragen eröffnen ein ganz neues Gebiet der

Ethik, das die traditionellen Vorstellungen von Schuld und Verantwortung infrage stellt. In einer Welt, in der Menschen und digitale Kopien nebeneinander existieren, wird es schwierig sein, klare Linien zu ziehen.

Zusammengefasst lässt sich sagen, dass digitale Kopien, so perfekt sie auch sein mögen, die Essenz des Menschseins möglicherweise nie vollständig erfassen können. Die menschliche Erfahrung ist tief verwurzelt in unserer körperlichen Existenz, in unserer Fähigkeit, zu wachsen und uns zu verändern. Eine digitale Kopie könnte zwar viele dieser Eigenschaften imitieren, doch es bleibt fraglich, ob sie jemals wirklich menschlich sein kann. Die Frage, was einen Menschen ausmacht, wird durch diese Technologie nicht beantwortet, sondern neu aufgeworfen – und die Antworten bleiben vorerst ungewiss.

Leben nach der Kopie – Was passiert nach digitaler Replikation?

Welche Herausforderungen entstehen, wenn kopierte Menschen unter uns existieren? Wie verändern sie Gesellschaft und Kultur?

Die Vorstellung, dass eine digitale Kopie von einem Menschen nach dem Tod des Originals weiterexistiert, wirft tiefgreifende Fragen auf. Wie sieht das „Leben" dieser Kopie aus? Handelt es sich um eine Fortsetzung des ursprünglichen Daseins, oder entsteht hier eine völlig neue Existenzform? Die These, dass eine digitale Kopie eine unabhängige Identität entwickeln könnte, stellt unser Verständnis von Selbst und Leben radikal infrage.

Ein besonders wichtiger Gedanke ist, ob eine solche Kopie überhaupt die gleiche Person bleibt. Identität ist eng mit dem Körper, der persönlichen Entwicklung und den physischen Erfahrungen des Lebens verknüpft. Wenn die Kopie von all dem losgelöst ist, könnte sie beginnen, eigene Entscheidungen zu treffen, sich von dem ursprünglichen Menschen zu entfernen und in gewisser Weise „autonom" zu werden. Entsteht hier also ein völlig neues Wesen? Und wenn ja, was bedeutet das für unser Verständnis von Persönlichkeit und Identität?

Der Gedanke, dass eine Kopie völlig eigenständig weiterlebt, führt zu der nächsten These: Eine solche Existenz könnte mehr Entfremdung als Erfüllung bedeuten. Ein digitales Wesen, das keinen Körper hat und nicht mehr dieselben Erfahrungen wie die Menschen um sich herum macht, könnte sich zunehmend isoliert fühlen. Wenn das „Leben" einer Kopie kein körperliches Erleben mehr beinhaltet – keine Schmerzen, keine Freuden, keine physischen Bindungen –, bleibt es dann überhaupt noch menschlich? Diese Entfremdung könnte nicht nur das individuelle Dasein der Kopie, sondern auch ihre Beziehungen zur Welt und den Menschen fundamental verändern.

In dieser neuen Existenz stellt sich auch die Frage nach der Emotionalität. Kann eine digitale Kopie, die auf gespeicherten Daten basiert, echte Gefühle empfinden? Oder sind ihre Emotionen bloße Simulationen, die auf Algorithmen basieren? Wenn die Kopie nicht in der Lage ist, echte Empathie oder Trauer zu empfinden, was passiert dann mit den zwischenmenschlichen Beziehungen? Können wir eine Kopie, die möglicherweise ohne echte emotionale Tiefe lebt, überhaupt als „menschlich" betrachten? Oder verlieren wir durch die digitale Transformation etwas, das grundlegend zur menschlichen Natur gehört?

Darüber hinaus könnte das Leben einer digitalen Kopie endlose Zeiträume überdauern. Was passiert, wenn sie

Jahrhunderte überlebt? Wie wird sie sich in einer Welt zurechtfinden, die sich ständig weiterentwickelt, während sie selbst keine körperliche Veränderung durchlebt? Die These, dass eine Kopie unsterblich weiterlebt, wirft ebenfalls praktische und rechtliche Fragen auf. Würden solche Kopien irgendwann in der Lage sein, Rechte einzufordern, vielleicht sogar in politischen oder gesellschaftlichen Prozessen mitwirken? Oder bleibt ihre Existenz in einer rechtlichen Grauzone gefangen, ohne die gleichen Ansprüche wie physische Menschen?

Ein weiteres, entscheidendes Thema ist die moralische Verantwortung für diese neuen Existenzformen. Wenn wir digitale Kopien schaffen, die für immer in einer Welt leben, die für biologische Menschen gemacht ist, tragen wir dann nicht eine immense Verantwortung? Die These lautet: Digitale Kopien könnten in einer Art ewiger Einsamkeit gefangen sein, unfähig, physische Erfahrungen zu machen oder sich wirklich als Teil der menschlichen Gesellschaft zu fühlen. Sind wir bereit, solche Entitäten zu erschaffen, ohne sicherzustellen, dass sie in dieser Welt gedeihen können?

Auch stellt sich die Frage nach der Kontrolle über diese Kopien. Wer hat das Recht, eine Kopie zu steuern oder zu deaktivieren? Gehören sie dem ursprünglichen Menschen, oder sind sie nach ihrer Erschaffung autonom und müssen als eigenständige Wesen betrachtet werden? Solche Fragen führen zu einer ganz neuen Ebene der ethischen Überlegungen und werfen die Frage auf, ob es überhaupt möglich ist, ein gerechtes System für die Rechte und Pflichten digitaler Abbilder zu entwickeln.

Zum Schluss bleibt die Ungewissheit, was aus der Existenz dieser digitalen Kopien wirklich wird. Werden sie in der Lage sein, in einer Welt ohne körperliche Präsenz und Empfindung wirklich zu „leben", oder ist ihre Existenz eine Art verlängertes, aber leeres Dasein? Wenn das Wesen des Menschseins untrennbar mit der physischen Welt verbunden ist, könnten wir Gefahr laufen, Kopien zu erschaffen, die zwar weiter „funktionieren", aber nicht wirklich leben.

Gesetz und Recht – Wie regeln wir das Leben kopierter Menschen?

Müssen Gesetze an die Existenz digitaler Abbilder angepasst werden? Was bedeutet das für Rechte, Pflichten und Staatsbürgerschaft?

Mit der Möglichkeit, digitale Kopien von Menschen zu erschaffen, treten wir in ein neues rechtliches und gesellschaftliches Zeitalter ein. Die Frage, wie wir diese Entitäten in unsere bestehenden Systeme integrieren, stellt uns vor enorme Herausforderungen. Ist eine digitale Kopie nur ein Abbild, das dem Menschen gehört, der es erschaffen hat? Oder handelt es sich um ein eigenständiges Wesen, das Rechte und Freiheiten für sich beanspruchen kann? Diese grundlegenden Fragen erfordern eine Neudefinition von Begriffen wie Person, Eigentum und Verantwortung.

Ein wesentlicher Gedanke, der sich aufdrängt, lautet: Sollten digitale Kopien überhaupt eigene Rechte haben? Die These könnte lauten, dass eine Kopie, die fähig ist, autonom zu denken und zu handeln, Anspruch auf rechtlichen Schutz und moralische Anerkennung haben muss. Doch wie würde dieser Schutz in der Praxis aussehen? Würden Kopien dieselben Rechte wie physische Menschen haben, oder wären sie auf eine niedrigere Stufe gestellt, als eine Art „zweite Klasse“ von Existenzformen? Die rechtlichen

Implikationen dieser Frage sind enorm und könnten das gesamte gesellschaftliche Gleichgewicht verändern.

Darüber hinaus stellt sich die Frage der Verantwortung. Wenn eine digitale Kopie eigenständig handelt, wer trägt dann die Verantwortung für ihre Handlungen? Sollten Kopien rechtlich zur Rechenschaft gezogen werden, wenn sie gegen Gesetze verstoßen? Oder liegt die Verantwortung bei den Menschen, die sie erschaffen haben? Die These, dass Kopien für ihre eigenen Entscheidungen verantwortlich sein könnten, stellt unser heutiges Rechtssystem vor eine gewaltige Herausforderung. Denn wie unterscheidet man in einer Welt, in der Menschen und digitale Kopien existieren, zwischen den Rechten und Pflichten dieser beiden Entitäten?

Es ist auch denkbar, dass digitale Kopien eines Tages politische oder gesellschaftliche Ansprüche erheben. Wenn sie in der Lage sind, menschliches Verhalten so präzise zu imitieren, könnten sie dann auch in demokratischen Prozessen eine Rolle spielen? Diese Frage führt zu einer weiteren These: Digitale Kopien könnten theoretisch das Recht auf politische Teilhabe einfordern, da sie als denkende Wesen in der Lage wären, rationale Entscheidungen zu treffen. Doch die Vorstellung, dass digitale Abbilder eines Tages in politischen Ämtern agieren oder in Wahlsystemen abstimmen könnten, wirft tiefgreifende Fragen auf. Sollten sie das

Recht haben, über das Schicksal biologischer Menschen zu entscheiden, oder würden wir sie auf eine Beobachterrolle beschränken?

Eine andere Herausforderung besteht in der Eigentumsfrage. Wer „besitzt“ eine digitale Kopie? Gehört sie der Person, deren Abbild sie ist, oder derjenigen, die sie erschaffen hat? Oder handelt es sich um eine völlig unabhängige Entität, die sich selbst gehört? Diese Überlegung führt zu der These, dass Kopien eines Tages möglicherweise nicht mehr als Eigentum betrachtet werden können. Sobald sie in der Lage sind, eigene Entscheidungen zu treffen und sich zu entwickeln, könnten sie das Recht auf Autonomie und Selbstbestimmung beanspruchen. Dies würde eine radikale Veränderung unserer rechtlichen Vorstellungen von Eigentum bedeuten und neue Formen des persönlichen und digitalen Besitzes definieren.

Die neue Gefahr – Identitätsdiebstahl der maschinellen Kopien

Wie können wir verhindern, dass unsere digitalen Abbilder manipuliert oder gestohlen werden?

Mit der Möglichkeit, digitale Kopien von Menschen zu erschaffen, betreten wir eine neue Ära des Identitätsdiebstahls. In der Vergangenheit bedeutete der Diebstahl einer Identität, dass jemand Informationen wie Passwörter oder Bankdaten stahl, um sich Zugriff zu verschaffen. Doch die Bedrohung, die von digitalen Kopien ausgeht, ist weitaus tiefgreifender. Was passiert, wenn jemand Ihre exakte digitale Kopie verwendet, um in Ihrem Namen zu agieren?

Stellen wir uns ein Szenario vor: Ihre digitale Kopie klingelt an der Tür Ihres Nachbarn und bittet um den Wohnungsschlüssel – die Stimme, das Verhalten und sogar die kleinen Eigenheiten sind identisch mit Ihnen. Ihr Nachbar würde kaum Verdacht schöpfen. Diese Art von Identitätsmissbrauch wäre subtiler, raffinierter und weitaus gefährlicher als alles, was wir bisher kannten. Die Frage ist nicht mehr, ob jemand Ihre persönlichen Daten stiehlt, sondern ob jemand Ihre ganze Existenz übernehmen kann. Das wäre ein Identitätsdiebstahl, der die Grenzen zwischen digitalem und physischem Leben vollständig aufhebt.

Noch alarmierender ist die Vorstellung, dass Ihre digitale Kopie verwendet werden könnte, um bei einer Bank Konten zu eröffnen, Geld zu überweisen oder Verträge abzuschließen – alles ohne Ihr Wissen. Diese neuen Formen des Missbrauchs führen zu einer beunruhigenden These: In einer Welt, in der digitale Abbilder von Menschen existieren, sind traditionelle Sicherheitsmaßnahmen, die sich auf Passwörter und biometrische Daten stützen, völlig unzureichend. Wie könnten wir uns vor einer digitalisierten Version unseres Selbst schützen, die uns in jeder Hinsicht täuschend echt nachahmt?

Die Gefahr geht jedoch über persönlichen Betrug hinaus. Wenn Ihre digitale Kopie gehackt wird, könnte sie dazu verwendet werden, in Ihrem Namen weitreichende Entscheidungen zu treffen. Stellen wir uns vor, ein Hacker kontrolliert Ihre Kopie und setzt sie ein, um Einfluss auf Ihre beruflichen oder politischen Positionen zu nehmen. In diesem Fall wäre es fast unmöglich, den Unterschied zwischen Ihren echten Entscheidungen und denen der manipulierten Kopie zu erkennen. Das bringt uns zu einer noch tiefergehenden Frage: Was passiert mit der Verantwortung in einer solchen Situation? Wer wird zur Rechenschaft gezogen, wenn die Kopie Verbrechen begeht oder gegen ethische Regeln verstößt?

Es gibt zudem die Möglichkeit, dass mehrere Kopien einer Person existieren könnten, die jeweils unterschiedliche Aufgaben erfüllen. Was, wenn eine Kopie verwendet wird, um in Ihrem Namen Verhandlungen zu führen, während eine andere Kopie für kriminelle Aktivitäten eingesetzt wird? Dieses Szenario stellt unser Verständnis von Identität vollständig auf den Kopf. Können wir überhaupt noch sicher sein, wer wir sind, wenn andere Versionen von uns existieren, die unser Leben führen, Entscheidungen treffen und uns in der Welt repräsentieren?

Ein zusätzlicher ethischer Konflikt ergibt sich aus der Frage, wer die digitale Kopie besitzt. Gehört sie der Person, die sie erschaffen hat, oder dem ursprünglichen Menschen? Oder könnte die Kopie sogar irgendwann eigene Rechte einfordern und sich von beiden loslösen? Die These, dass digitale Abbilder eines Tages nicht nur Rechte einfordern, sondern auch ihre eigene Existenz und ihren eigenen Status verteidigen könnten, bringt tiefgreifende Fragen über die Natur des Eigentums und der Freiheit auf.

Zum Schluss stellt sich die Frage, wie wir uns vor solchen Bedrohungen schützen können. Wenn digitale Kopien so weit entwickelt sind, dass sie unser Verhalten perfekt imitieren, müssen wir neue Mechanismen der Identitätssicherung entwickeln, die weit über die derzeitigen Ansätze hinausgehen. Traditionelle Schutzmaßnahmen wie Firewalls und Verschlüsselungen werden nicht ausreichen, um einen Missbrauch zu verhindern, der auf der Ebene der menschlichen Persönlichkeit selbst stattfindet. Die Zukunft, in der digitale Abbilder existieren, fordert von uns, die Sicherheit, Kontrolle und Ethik völlig neu zu definieren – und dabei die Grenzen zwischen Mensch und Maschine neu zu ziehen.

Evolution oder Gefahr? – Digitale Kopien als Stufe der Menschheit?

Sind kopierte Menschen ein evolutionärer Schritt oder eine Bedrohung für unser menschliches Selbstverständnis?

Die Vorstellung, dass digitale Kopien die Evolution des Menschen vorantreiben könnten, wirft tiefgreifende Fragen auf. Sind diese Abbilder wirklich die nächste Stufe in unserer Entwicklung, oder handelt es sich lediglich um eine technologische Erweiterung, die uns von unserer ursprünglichen Natur entfremdet? Während die biologische Evolution Millionen von Jahren benötigte, könnte die digitale Reproduktion den Menschen in eine neue Daseinsform katapultieren – ohne die Grenzen des Körpers, ohne Krankheit und Tod.

Einerseits könnte man behaupten, dass der Übergang in die digitale Sphäre ein natürlicher Fortschritt ist. Schließlich haben wir als Spezies immer nach Möglichkeiten gesucht, unsere Lebensdauer zu verlängern und unsere physischen Begrenzungen zu überwinden. In dieser Hinsicht könnte eine digitale Kopie tatsächlich den nächsten Schritt in der Evolution darstellen: Eine unsterbliche Version von uns selbst, die weiterhin Wissen anhäuft und sich stetig verbessert. Doch der Gedanke an eine Existenz ohne physische Präsenz führt uns auch zu einem entscheidenden

Punkt: Ist das noch Evolution im biologischen Sinne, oder eher eine Abkehr vom Menschsein?
Hier entsteht ein Konflikt. Die biologische Evolution basiert auf Anpassung an die Umwelt. Digitale Kopien hingegen wären vollständig unabhängig von physischen Bedürfnissen. Ohne Hunger, Schmerz oder den Drang zur Fortpflanzung existiert kein direkter Anreiz mehr, sich an äußere Bedingungen anzupassen. Die Frage ist: Können wir wirklich von Evolution sprechen, wenn die menschliche Natur, wie wir sie kennen, in der digitalen Welt keine Rolle mehr spielt? Oder bedeutet dieser Schritt in die digitale Unsterblichkeit vielmehr das Ende der klassischen, biologischen Evolution?

Darüber hinaus könnten digitale Kopien in vielerlei Hinsicht leistungsfähiger werden als ihre physischen Vorbilder. Sie könnten mehr Informationen speichern, schneller lernen und komplexe Probleme effizienter lösen. In dieser Hinsicht würde eine digitale Kopie ihre biologische Version schnell übertreffen. Dies führt uns zu einer weiteren These: Kopien könnten nicht nur den Menschen ersetzen, sondern ihn überflüssig machen. Was bleibt also von unserer Spezies, wenn wir uns durch digitalisierte Versionen von uns selbst ablösen? Würde die Menschheit in ihrer physischen Form irgendwann aussterben, während ihre digitalen Abbilder fortbestehen?

Doch mit der Fähigkeit, physische Einschränkungen zu überwinden, stellt sich eine weitere Frage: Was geschieht mit dem menschlichen Bewusstsein, wenn es in eine digitale Kopie übertragen wird? Unser Selbstverständnis ist untrennbar mit unseren physischen Erfahrungen verbunden – Berührungen, Schmerzen, Freude und Leid formen unser Bewusstsein. Eine Kopie, die diese Erlebnisse nicht teilt, könnte sich zu einer völlig anderen Art von Entität entwickeln. Bedeutet das, dass diese neuen digitalen Wesen sich von ihren ursprünglichen „Schöpfern“ so weit entfernen, dass sie kaum noch als Menschen betrachtet werden können?

Auch die soziale Dimension sollte nicht übersehen werden. Was geschieht mit einer Gesellschaft, in der digitale Kopien möglicherweise die Mehrheit stellen? Würden diese Abbilder Anspruch auf dieselben Rechte erheben wie physische Menschen? Und wie wäre das Machtverhältnis zwischen biologischen Menschen und ihren digitalen Pendants? Die Idee, dass Kopien Rechte einfordern könnten, führt zu einer weiteren, düsteren Möglichkeit: Eine Welt, in der physische Menschen zur Minderheit werden und von ihren digital überlegenen Abbildern verdrängt werden.

Die digitale Evolution könnte letztlich eine Art der Entfremdung bedeuten. Wenn die menschliche Erfahrung auf den Körper und die sinnliche Wahrnehmung verzichtet, verlieren wir möglicherweise den Kontakt zu dem, was uns seit Jahrtausenden ausmacht. Es könnte sein, dass die Menschheit, indem sie sich von der physischen Existenz verabschiedet, ihre Authentizität und Essenz aufgibt. Der Fortschritt könnte nicht nur eine Verbesserung sein, sondern auch ein Verlust von etwas Fundamentalem.

Am Ende bleibt die Frage: Ist der Mensch bereit, diesen Schritt in die digitale Evolution zu gehen? Die Entscheidung, unser Selbst in eine digitale Kopie zu überführen, könnte die menschliche Existenz auf eine Weise verändern, die wir noch nicht vollständig verstehen. Es bleibt abzuwarten, ob dieser technologische Sprung uns voranbringt oder ob wir dabei unsere Menschlichkeit verlieren.

Wollen wir unsere Existenz ins Digitale übertragen?

Ist der Transfer unseres Bewusstseins in digitale Welten, wie im Film Matrix, die ultimative Zukunft der Menschheit?

Stellen wir uns vor, es gäbe die Möglichkeit, unser Bewusstsein in einen Computer zu übertragen und für immer in einer digitalen Welt zu leben. Was zunächst wie Science-Fiction klingen mag, wird durch technologische Fortschritte zunehmend greifbar. Doch wollen wir diesen Schritt wirklich gehen? Die Digitalisierung unseres Seins könnte ein Versprechen der Unsterblichkeit sein, aber sie wirft tiefgreifende Fragen auf: Was bleibt vom Menschsein übrig, wenn der Körper, der Schmerz und das Vergnügen verschwinden?

Die Übertragung unseres Bewusstseins ins Digitale könnte den Menschen von seiner physischen Existenz befreien, aber gleichzeitig seine Menschlichkeit entwerten. Unsere Erfahrungen, unser Empfinden von Freude, Schmerz, Liebe und Verlust – all das ist an unsere Körperlichkeit gebunden. Der Mensch ist ein Wesen aus Fleisch und Blut, das in der physischen Welt agiert und durch seine Sinneswahrnehmungen geformt wird. Ohne diese Dimension bleibt das Bewusstsein in einer künstlichen Welt gefangen, die zwar Unsterblichkeit verspricht, aber vielleicht die Seele raubt.

In einer digitalen Welt mag es keine Krankheiten, keine physischen Begrenzungen und kein Altern geben, aber was bedeutet das für unsere Identität? Eine These könnte lauten: Der Transfer in eine digitale Existenz führt nicht nur zur Unsterblichkeit, sondern auch zur Isolation von der menschlichen Erfahrung. Ohne physische Nähe, ohne das Erleben von Raum und Zeit, könnten wir uns in einer endlosen Simulation verlieren – vielleicht ohne echte Bedeutung, ohne eine Verbindung zur Realität, die uns als Menschen formt.

Ein weiteres Problem ist die Kontrolle über diese neue Existenz. Sobald wir uns in ein digitales System eingeloggt haben, wer bestimmt dann die Regeln? Kann diese digitale Welt, die von Menschen oder Algorithmen gestaltet wird, wirklich Freiheit garantieren? Wenn unsere Existenz in den Händen von Programmen liegt, die von anderen geschaffen wurden, haben wir dann noch Kontrolle über unser Leben, oder sind wir den Entscheidungen von Entwicklern, Unternehmen oder sogar künstlichen Intelligenzen ausgeliefert?

Die Digitalisierung des Seins könnte nicht nur den Körper, sondern auch die Freiheit des Geistes bedrohen. Wenn die digitale Welt manipuliert, kontrolliert oder eingeschränkt wird, verlieren wir möglicherweise die Selbstbestimmung über unsere Gedanken und Entscheidungen. Diese existenzielle Abhängigkeit könnte die völlige Entfremdung vom menschlichen Selbst verursachen.

Doch gleichzeitig eröffnet sich hier auch eine Vision von Möglichkeiten. Die vollständige Digitalisierung des Bewusstseins könnte uns eine neue Form des kollektiven Denkens und Erlebens bringen. Vielleicht wäre es möglich, Wissen, Erfahrungen und Emotionen in Echtzeit zu teilen und eine neue Art des „Seins“ zu erschaffen, die wir uns in unserer physischen Welt niemals vorstellen könnten. Eine digitale Existenz könnte nicht nur Unsterblichkeit, sondern auch eine kollektive Intelligenz bieten, die weit über das hinausgeht, was ein einzelner Mensch erreichen kann.

Sind wir bereit, diesen finalen Schritt zu gehen? Die digitale Welt mag uns ewig Leben und Freiheit von der physischen Begrenzung versprechen, aber um welchen Preis? Was verlieren wir auf diesem Weg – und gewinnen wir wirklich genug, um diesen Verlust zu rechtfertigen?

Conclusio

Ausblick auf die Zukunft des Menschseins in einer zunehmend digitalisierten Welt

Am Ende dieses Buches stehe ich vor einer entscheidenden Frage: Was bedeutet es, Mensch zu sein, in einer Welt, in der Technologie unser Verständnis von Identität, Leben und Tod grundlegend verändert? Die Erschaffung digitaler Kopien, die uns potenziell unsterblich machen könnten, bietet ungeahnte Möglichkeiten – aber auch tiefe ethische, philosophische und existentielle Herausforderungen.

Die meisten Fragen, die ich hier aufgeworfen habe, sollen vor allem eines tun: zum Nachdenken anregen und Diskurse fördern. Es gibt so viele Menschen auf dieser Welt, die weit intelligenter sind als ich und vielleicht in der Lage sein werden, einige dieser Fragen zu beantworten oder bei der Beantwortung zu helfen. Doch die Fragen drängen sich auf, und es ist unvermeidlich, dass wir uns ihnen stellen müssen, um eine gemeinsame Zukunft zu gestalten.

In einer digitalen Zukunft verschwimmen die Grenzen zwischen Mensch und Maschine. Während digitale Abbilder eine neue Stufe der Evolution darstellen könnten, droht gleichzeitig der Verlust von etwas, das zentral für unser Menschsein ist: unsere Vergänglichkeit, unsere Körperlichkeit und die damit verbundenen Erfahrungen. Unsterblichkeit mag ein uralter Traum sein, doch wenn wir unsere Existenz vollständig ins Digitale übertragen, riskieren wir, den Kern dessen zu verlieren, was uns ausmacht.

Unsere Welt steht vor einer Zukunft, in der digitale Kopien eigenständig handeln, Rechte einfordern und sogar für kriminelle Zwecke missbraucht werden könnten. Diese Kopien werfen grundlegende Fragen auf, nicht nur über ihre Ethik und Moral, sondern auch darüber, wie wir uns selbst definieren. Sind wir bereit, unser Wesen an Maschinen zu übergeben, die möglicherweise besser funktionieren als wir selbst? Können wir das, was uns einzigartig macht, aufrechterhalten, wenn unsere Identität digital kopiert und manipuliert werden kann?

Der Mensch steht an einem Scheideweg. Die technologischen Möglichkeiten, die vor uns liegen, sind immens, aber sie verlangen von uns, Antworten auf Fragen zu finden, die unsere Philosophie und unser Recht noch nicht vollständig durchdrungen haben. Während digitale Kopien vielleicht der nächste Schritt in unserer Entwicklung sind, dürfen wir nicht vergessen, dass das Menschsein mehr ist als nur Daten und Algorithmen.

Letztlich liegt es an uns, zu entscheiden, welchen Weg wir einschlagen. Werden wir die Digitalisierung als Ergänzung unserer Menschlichkeit nutzen, oder laufen wir Gefahr, uns selbst zu verlieren, indem wir unser Wesen vollständig in die Hände der Maschinen legen? Die Antworten darauf werden bestimmen, wie wir in der Zukunft leben – und ob wir das, was uns als Menschen ausmacht, bewahren können.